ASTRID CARVEL

ESCORPIÃO
ASTROLOGIA NA PRÁTICA

TÍTULO ORIGINAL *THE ZODIAC GUIDE TO SCORPIO*

© 2023 Summersdale Publishers Ltd
Todos os direitos reservados.
© 2024 VR Editora S.A.

EDITORA Tamires von Atzingen
ASSISTENTE EDITORIAL Michelle Oshiro
PREPARAÇÃO Nilce Xavier
REVISÃO Paula Queiroz e Juliana Lima
COORDENAÇÃO DE ARTE Pamella Destefi
DIAGRAMAÇÃO P.H. Carbone
PRODUÇÃO GRÁFICA Alexandre Magno

Dados Internacionais de Catalogação na Publicação (CIP)
(Câmara Brasileira do Livro, SP, Brasil)

Carvel, Astrid
Escorpião: Astrologia na prática / Astrid Carvel; tradução Cristiane Maruyama. — São Paulo: VR Editora, 2024. — (Astrologia na prática)

Título original: The Zodiac Guide to Scorpio
ISBN 978-85-507-0554-5

1. Astrologia 2. Horóscopos I. Título. II. Série.

24-223321   CDD-133.54

Índices para catálogo sistemático:

1. Horóscopos : Astrologia   133.54
Aline Graziele Benitez - Bibliotecária - CRB-1/3129

Todos os direitos desta edição reservados à:
VR EDITORA S.A.
Av. Paulista, 1337 – Conj. 11 | Bela Vista
CEP 01311-200 | São Paulo | SP

Sumário

4 INTRODUÇÃO

6 PARTE 1
A ASTROLOGIA LHE DÁ AS BOAS-VINDAS

34 PARTE 2
CONHEÇA O SIGNO DE ESCORPIÃO

62 PARTE 3
SEU HORÓSCOPO E VOCÊ

98 PARTE 4
ASTROLOGIA PARA O AUTOCUIDADO

124 ATÉ LOGO

125 OUTROS RECURSOS

Introdução

Você está pronto para abrir sua mente para a sabedoria ancestral do zodíaco e explorar todas as suas possibilidades? A Astrologia é tão ampla quanto o próprio céu, uma intrincada teia de estrelas, constelações, planetas, esferas celestiais e horizontes, mapeados por culturas antigas em milênios passados na tentativa de dar sentido ao nosso tempo no planeta Terra.

Com este livro, você terá as ferramentas necessárias para explorar mais profundamente seus comportamentos, características e conexões; para acessar as possibilidades contidas no movimento dos planetas e encontrar orientação e conforto quando precisar.

A Astrologia é uma viagem de autodescoberta, na qual você pode molhar apenas a pontinha dos pés ou mergulhar de cabeça, absorvendo o básico oferecido pelas estrelas ou se aprofundando em suas complexidades.

Aqui, você encontrará informações valiosas sobre a história da Astrologia e as diferentes tradições astrológicas. Saberá como fazer seu próprio mapa astral, a interpretá-lo e a tirar o melhor proveito dele. Vai conhecer

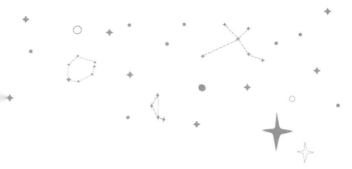

o significado da posição dos planetas, aprenderá a decifrar seu signo solar, seu signo lunar, o signo ascendente e muito mais. Observará as casas — setores do céu relacionados a diferentes aspectos de sua vida — para interpretar seus ensinamentos. Os padrões criados pelos corpos celestes através das casas são decodificados aqui para que você possa entender facilmente o que tudo isso significa.

Em seguida, conhecerá seu signo solar mais a fundo e verá como ele se relaciona com todas as áreas da sua existência, assim como as práticas de autocuidado das quais pode se beneficiar, com ideias e sugestões específicas para o seu signo.

Então, o que está esperando? Vire a página e comece a sua jornada.

Parte 1
A ASTROLOGIA LHE DÁ AS BOAS-VINDAS

Este capítulo te levará a uma jornada desde o nascimento da Astrologia, há milhares de anos, até sua relevância nos tempos modernos. Para melhor compreender seu signo solar, é importante conhecer um pouco da história e das tradições que resultaram no movimento amplamente praticado e conhecido hoje. O que levou as pessoas muito tempo atrás a olharem para o céu em busca de orientação e por que fazem isso até hoje? Pesquisas indicam que a Astrologia está mais popular do que nunca. Ela passou por uma espécie de ressurgimento, talvez porque as inúmeras incertezas da vida levem as pessoas a olharem para o céu em busca de respostas. O amplo conhecimento proporcionado pelas estrelas está à sua disposição. Vamos lá?

O que é a Astrologia?

Antes de avançarmos, é importante diferenciar **Astronomia** de **Astrologia**. A **Astronomia** é o estudo científico do universo, incluindo planetas, estrelas, objetos celestes e o espaço em si. A **Astrologia** analisa de que modo a posição das estrelas e dos planetas no momento do nosso nascimento pode afetar nossa personalidade e moldar a maneira como vivemos a vida.

A Astrologia é uma interpretação da posição dos planetas e das estrelas a partir do ponto de vista da Terra, e está intimamente relacionada ao comportamento humano e à influência dos corpos celestes em nossas escolhas cotidianas, nosso humor e comportamento. Os astrólogos acreditam que tudo faz parte de uma realidade interconectada, e que compreender como o simbolismo antigo das estrelas e dos planetas pode se relacionar a eventos em nossa vida é um processo em constante evolução.

Embora a Astrologia não preveja o futuro, tampouco parta do princípio de que somos controlados pelos planetas e pelas estrelas, sugere que a esfera celestial é capaz de criar certas condições e situações que podemos utilizar a nosso favor. Exige prática, mas esse potencial existe e pode ser explorado.

Os horóscopos de revistas e jornais são apenas a ponta do iceberg. Para que você possa descobrir como funciona do ponto de vista astrológico, basta saber data, hora e local de nascimento. A partir daí, é possível determinar seu signo solar, signo lunar e signo ascendente, criar um mapa astral e aprender mais sobre si mesmo. Falaremos disso mais à frente. O universo da Astrologia é amplo, está disponível para todos e pode ajudar você a compreender suas peculiaridades, comportamentos e relacionamentos. Pode auxiliar na decodificação do passado e preparar sua mente para o futuro.

O primeiro passo em sua jornada pelos planetas e estrelas é crucial — é hora de aprender sobre o zodíaco.

História da Astrologia

Muito antes de as pessoas viajarem para o espaço — ou antes de telescópios permitirem o estudo de mundos além do nosso em mais detalhes —, os seres humanos olhavam para o céu à noite para acompanhar as estações do ano e planejar a vida com base na posição das estrelas. Os viajantes observavam o céu para decidir que rota tomar, como os antigos marinheiros, que confiavam na carta celeste e utilizavam a Estrela Polar como guia. No antigo Egito, os agricultores ficavam alertas à enchente anual do Nilo, em julho, com o surgimento da estrela Sirius, pertencente à constelação do Cão Maior. Os fenícios avaliavam a posição do Sol no céu quando precisavam saber qual direção tomar, e um calendário lunar guiado pelas fases da Lua foi elaborado por culturas antigas para acompanhar eventos religiosos.

Embora ainda seja um mistério quando exatamente os signos do zodíaco começaram a ser associados a características e comportamentos humanos, sabemos que surgiram como um dispositivo de medição do tempo. Ao mapear as constelações em uma faixa do céu que abrange a circunferência da Terra — na qual o Sol, a Lua e os planetas se movem — e dividindo essa faixa em doze setores, os primeiros astrólogos conseguiram criar um calendário de signos zodiacais.

O céu é dividido em doze partes, cada uma ocupada por um signo do zodíaco. Cada signo é representado por uma constelação que delineia vagamente o símbolo associado a ele, e leva aproximadamente um mês para que o Sol atravesse o setor de cada signo. Essa é a razão pela qual, na Astrologia, os signos do zodíaco são conhecidos como signos solares.

Embora os antigos gregos sejam considerados os responsáveis por elaborar o calendário do zodíaco com o qual estamos familiarizados hoje, há evidências de que os babilônios já utilizavam um conjunto semelhante de signos desde cerca de 1500 a.C.

Por que o calendário do zodíaco começa em março?

Na Antiguidade, os gregos acreditavam que o aparecimento do Sol na constelação de Áries marcava o primeiro dia da primavera, estabelecendo-o como o início do calendário. Fazia sentido começar o ano com brotos verdes germinando após o inverno, simbolizando novos começos.

Como funciona

Há inúmeras técnicas e abordagens astrológicas, no entanto, a mais utilizada no Ocidente atualmente é a Astrologia moderna, ou Astrologia psicológica (veja na página 28).

Para começar, é preciso fazer o seu mapa astral. Hoje em dia, pode ser feito na internet mas, antes da era tecnológica, quem buscava respostas nas estrelas tinha que vasculhar grandes pilhas de páginas empoeiradas para encontrar as informações necessárias e compilar seu mapa de forma confiável.

O mapa astral registra a posição das principais estrelas e planetas no céu no dia em que você nasceu. Esse mapa será, então, a base de toda e qualquer interpretação ou leitura de trânsitos astrológicos. Um astrólogo — ou mesmo você, assim que pegar o jeito — vai comparar seu mapa astral com a posição dos planetas e das estrelas em momentos-chave para entender as influências que te motivam. Conhecer o comportamento dos planetas nos permite prever a conduta de um indivíduo em certas situações e em determinado momento. Nenhuma dessas previsões é uma garantia, porém nos auxilia a obter uma compreensão mais ampla dos mecanismos de nossas mente e alma.

Ao analisar os movimentos planetários com as informações sobre o seu signo solar, a Lua (signo lunar) e o signo ascendente (consulte as páginas 76-81), bem como os elementos (consulte a página 24), você obterá mais informações sobre o que realmente te motiva e poderá compreender por que certas características de sua personalidade diferem das de outras pessoas em sua vida.

Ao longo deste livro, você aprenderá sobre os diferentes aspectos da Astrologia que lhe permitirão ter uma visão mais clara de si mesmo.

Termos úteis

Zodíaco: trata-se de uma faixa no céu pela qual o Sol, a Lua e os planetas visíveis se movem ao longo do ano. O zodíaco é dividido em doze setores de acordo com as constelações que representam os doze signos — Áries, Touro, Gêmeos, Câncer, Leão, Virgem, Libra, Escorpião, Sagitário, Capricórnio, Aquário e Peixes.

Signo solar: é o seu signo no zodíaco, relacionado ao momento do seu nascimento; por exemplo, se nasceu em 21 de abril, seu signo solar é Touro.

Mapa astral: é uma fotografia da posição dos planetas no dia do seu nascimento.

Planetas: na Astrologia, os planetas referem-se àqueles do sistema solar — Mercúrio, Vênus, Marte, Júpiter, Saturno, Urano, Netuno e Plutão. O Sol e a Lua também são considerados planetas na Astrologia moderna.

Casas: doze segmentos do céu noturno que se sobrepõem aos signos do zodíaco. Cada casa reflete uma área diferente da sua vida.

Elementos: a cada signo é atribuído um dos quatro elementos — Fogo, Água, Ar ou Terra.

Signo lunar: é o signo do zodíaco onde a Lua estava posicionada no dia do seu nascimento.

Signo ascendente: é o signo do zodíaco que estava ascendendo no horizonte leste no dia do seu nascimento.

Retrógrado: refere-se a uma ilusão de ótica que faz parecer que os planetas estão se movendo para trás, devido a seu movimento no céu noturno em relação à Terra.

Meio do céu: o ponto médio medido entre dois objetos celestes no seu mapa astral.

Horóscopo: é um mapa astrológico das posições do Sol, da Lua e dos planetas em dado momento em relação aos seus signos solar, lunar e ascendente. Pode ser usado para ajudar a entender eventos passados ou sugerir possíveis eventos futuros.

Seu signo solar

O signo solar é outra maneira de se referir aos signos zodiacais. A cada ano, a Terra completa uma revolução ao redor do Sol, passando cerca de um mês em cada um dos doze signos. O signo solar é determinado pela data de nascimento: ou seja, o signo pelo qual o Sol estava transitando no momento do seu nascimento é aquele atribuído a você pela Astrologia.

É impossível ser um "puro" Áries, por exemplo, porque todos os demais planetas teriam que estar posicionados no setor do céu pertinente a esse signo no momento do seu nascimento, o que, devido às órbitas e às distâncias entre eles, jamais poderia acontecer. Como o Sol é considerado o objeto celeste mais influente no horóscopo, acredita-se que o signo solar seja uma fonte valiosa para aprender mais sobre si mesmo.

No entanto, para obter um panorama mais abrangente, é necessário analisar a influência do Sol em conjunto com a dos outros planetas em seu horóscopo, sendo os mais importantes o signo ascendente e a Lua. Se ainda não conhece esses signos, você aprenderá sobre eles nas páginas seguintes. Esses elementos essenciais do mapa astral (consulte a página 70) auxiliam você a desvendar sua personalidade e sua dinâmica interna sob uma perspectiva cósmica.

Descubra qual é seu signo solar

Calcular o signo solar é simples. Consulte a lista a seguir para encontrar o signo que corresponde à sua data de nascimento.

Áries	21 de março a 20 de abril
Touro	21 de abril a 20 de maio
Gêmeos	21 de maio a 20 de junho
Câncer	21 de junho a 22 de julho
Leão	23 de julho a 22 de agosto
Virgem	23 de agosto a 22 de setembro
Libra	23 de setembro a 22 de outubro
Escorpião	23 de outubro a 21 de novembro
Sagitário	22 de novembro a 21 de dezembro
Capricórnio	22 de dezembro a 20 de janeiro
Aquário	21 de janeiro a 19 de fevereiro
Peixes	20 de fevereiro a 20 de março

Os signos

ÁRIES *(21 de março a 20 de abril)*

Símbolo: Carneiro
Elemento: Fogo
Planeta regente: Marte

Os nativos de Áries são corajosos e obstinados, mas também podem ser infantis, impacientes e impulsivos. Têm determinação e são diretos, capazes de ser práticos e lúcidos ao tomar decisões. São líderes natos e, assim como seu equivalente animal, o carneiro, são bastante independentes. Costumam ser aventureiros apaixonados, com muito entusiasmo pela vida.

TOURO *(21 de abril a 20 de maio)*

Símbolo: Touro
Elemento: Terra
Planeta regente: Vênus

Os nativos de Touro são pacientes e confiáveis, perseverando até o final. Devotam uma lealdade inabalável à família e aos amigos, e sua força silenciosa e determinação são uma inspiração para os outros. Touro não é fã de mudanças e não gosta de ser apressado. Anseia por estabilidade e conforto em casa. Em relacionamentos, busca segurança emocional — e pode demorar a encontrá-la, mas, quando encontra, trabalha duro para mantê-la.

GÊMEOS *(21 de maio a 20 de junho)*
Símbolo: Gêmeos
Elemento: Ar
Planeta regente: Mercúrio

Os nativos de Gêmeos são pessoas alegres e otimistas, ao mesmo tempo que são curiosas e racionais. São comunicadores incrivelmente sociáveis, com frequência dispostos a interagir com qualquer pessoa que encontram. O aspecto gêmeo contempla dois lados de sua personalidade, pois os geminianos também têm uma natureza volúvel e superficial que precisam controlar. Buscam uma interação animada em relacionamentos e têm o dom de encontrar algo em comum com todos.

CÂNCER *(21 de junho a 22 de julho)*
Símbolo: Caranguejo
Elemento: Água
Planeta regente: Lua

Os nativos de Câncer são almas carinhosas e imensamente protetoras de seus amigos e entes queridos. Assim como o caranguejo, seu equivalente animal, projetam uma casca exterior resistente para esconder sua sensibilidade. Determinados e teimosos, pode ser difícil convencer os cancerianos a desistir quando têm algo em mente. Também podem ser melindrosos, mas uma bondade incondicional está profundamente enraizada nesse signo.

LEÃO *(23 de julho a 22 de agosto)*

Símbolo: Leão
Elemento: Fogo
Planeta regente: Sol

Os nativos de Leão buscam atenção e energizam aqueles ao seu redor. Não há nada que os leoninos amem mais que uma plateia e eles se orgulham de sua exuberância. Os nativos desse signo se destacam tanto na criatividade quanto na organização, e podem acabar impondo seus hábitos àqueles cujas vidas são mais caóticas — por vezes, sem ser convidados. Em geral, os leoninos são mais dominantes em relacionamentos, mas também são bondosos, calorosos e generosos.

VIRGEM *(23 de agosto a 22 de setembro)*

Símbolo: Uma jovem segurando uma espiga de ouro
Elemento: Terra
Planeta regente: Mercúrio

Os nativos de Virgem vivem atarefados, mais ocupados que todos os outros signos, e em uma busca constante pela perfeição. Práticos, organizados e ponderados, os virginianos estão sempre dispostos a oferecer assistência ou conselhos, e ajudarão sempre que puder. Embora gentis e pacientes em relacionamentos, às vezes os nativos de Virgem precisam de palavras de incentivo para aumentar sua confiança e conseguir se adaptar às situações.

LIBRA *(23 de setembro a 22 de outubro)*

Símbolo: Balança
Elemento: Ar
Planeta regente: Vênus

Os librianos usam suas habilidades diplomáticas para buscar a paz e a harmonia em todas as áreas da vida. Quando precisam tomar decisões, costumam ponderar bastante e buscar conselhos de outras pessoas. São encantadores e tendem a evitar situações de alta pressão para encontrar um meio-termo. Libra é um signo romântico e generoso em relacionamentos, porém cria expectativas elevadas no amor.

ESCORPIÃO *(23 de outubro a 21 de novembro)*

Símbolo: Escorpião
Elemento: Água
Planeta regente: Plutão

Escorpião é um dos signos mais intensos do zodíaco, e a inveja é uma questão que demanda trabalho árduo dos escorpianos. No entanto, combinada a uma grande força de vontade, ela muitas vezes os impulsiona a alcançar seus objetivos. Com energia ilimitada, os escorpianos costumam ter grande sucesso, e sua inclinação ao pensamento profundo e analítico os leva ao cerne dos problemas. Em relacionamentos, quando os escorpianos têm alguém em seu radar, fazem tudo o que podem para conseguir o que desejam — e são muito leais.

SAGITÁRIO *(22 de novembro a 21 de dezembro)*

Símbolo: Arqueiro
Elemento: Fogo
Planeta regente: Júpiter

Os nativos de Sagitário são caçadores de aventuras sempre prontos para um desafio. Seu entusiasmo e otimismo podem ser contagiantes, tornando-os populares entre os outros, que apreciam sua companhia e gosto pela vida. Em relacionamentos, os sagitarianos não gostam de restrições e, devido a seu espírito independente e inquieto, podem se entediar com facilidade, portanto é fundamental que o romance se renove e se mantenha emocionante.

CAPRICÓRNIO *(22 de dezembro a 20 de janeiro)*

Símbolo: Cabra
Elemento: Terra
Planeta regente: Saturno

Os nativos de Capricórnio são realistas e abordam as situações de maneira lógica e ponderada. Devagar e com constância, esse signo vence a corrida — com os capricornianos se movendo silenciosamente em direção ao prêmio com compostura e sem pressa. Seu senso de humor único é uma característica-chave dos capricornianos e, quando se trata de relacionamentos, são leais e dedicados.

AQUÁRIO *(21 de janeiro a 19 de fevereiro)*
Símbolo: Aguadeiro
Elemento: Ar
Planeta regente: Urano

Os nativos de Aquário costumam ser glamorosos e excêntricos, sempre amigáveis e muitas vezes prestativos ao extremo. Têm uma curiosidade genuína sobre todos que conhecem e farão muitas perguntas, embora tendam a manter a própria vida envolta em mistério. Em relacionamentos, os aquarianos são independentes e precisam de espaço, o que pode dificultar o estabelecimento de compromisso.

PEIXES *(20 de fevereiro a 20 de março)*
Símbolo: Peixes
Elemento: Água
Planeta regente: Netuno

Os nativos de Peixes são pessoas amáveis que frequentemente não medem esforços para ser amigáveis e caridosas. Esse signo é gentil e promove a compaixão e a compreensão, e um nativo não tem medo de demonstrar suas emoções — abrindo-se e compartilhando seus sentimentos com aqueles com quem se importa. Em relacionamentos, os piscianos podem ser excessivamente afetuosos, deixando as emoções, muitas vezes, à flor da pele.

Os elementos

Os doze signos solares são divididos em quatro grupos, cada um representado por um elemento. Os mais tradicionalistas acreditam que esses elementos vitais compõem todo o universo. Fogo, Ar, Água e Terra são considerados os quatro princípios básicos da vida, correspondendo, por sua vez, aos quatro princípios básicos da psique. Conhecer o elemento do nosso signo nos permite investigar mais profundamente as características associadas a ele.

FOGO

Signos de Fogo: Áries, Leão, Sagitário
Os signos de Fogo são alegres e vibrantes, artísticos e passionais. Confiantes em sua independência, nunca têm medo de se manifestar e, sempre otimistas, fazem as coisas acontecer sem se importar de lidar com pressão.

AR

Signos de Ar: Gêmeos, Libra, Aquário
Os signos de Ar são sociáveis, sabem lidar com as mais diversas situações e têm uma conversa envolvente. Ao mesmo tempo que são perspicazes e divertidos, também são bons ouvintes e sabem quando oferecer um ombro amigo às outras pessoas.

ÁGUA

Signos de Água: Câncer, Escorpião, Peixes

Os signos de Água são criativos e estão em sintonia com suas emoções, podendo ser pensadores silenciosos. Empáticos e carinhosos com as pessoas ao seu redor, estão sempre prontos para oferecer ajuda quando solicitados.

TERRA

Signos de Terra: Touro, Virgem, Capricórnio

Os signos de Terra se concentram nos detalhes. Enquanto são práticos e têm o pé no chão, olham para o futuro e começam a preparar-se para ele com muita antecedência. São realistas e conhecidos como "jardineiros do zodíaco", em parte devido ao cuidado e à atenção que dedicam à família e aos amigos.

O quinto elemento

Algumas fontes ocidentais acreditam em um quinto elemento, conhecido como *quinta essentia* ou "espírito". É geralmente desconsiderado porque se refere à alma ou ao ser espiritual de alguém, diferenciando-se dos outros quatro elementos. Embora algumas aplicações astrológicas levem em conta o quinto elemento ao analisar signos, ele não é representado no horóscopo.

Diferentes tradições astrológicas

Ao longo dos séculos, diferentes culturas ao redor do mundo desenvolveram suas próprias tradições e seus sistemas astrológicos. É fascinante ver como essas tradições diferem e como surgiram.

OCIDENTAL
No Ocidente, o sistema astrológico mais usado deriva da antiga Astrologia baseada nos doze signos do zodíaco. Abrange a cultura popular em sua forma básica de horóscopos de signos solares, focando o comportamento e a motivação humanos, e é norteado pelas doze constelações associadas aos doze signos solares.

MAIA
A Astrologia maia é baseada em um calendário antigo e complexo conhecido como *Tzolk'in*, que consiste em vinte signos diários e treze números galácticos. O calendário de 260 dias é usado para sugerir eventos futuros e identificar diferentes características humanas. Em vez de elementos, o sistema astrológico maia usa direções — norte, leste, sul, oeste —, cada uma englobando um conjunto diferente de significados, e uma direção é atribuída a cada um dos vinte signos diários.

VÉDICA

A Astrologia védica — ou *jyotish* — deriva de antigas tradições indianas e é uma das formas mais antigas e praticadas de Astrologia no Oriente. Embora tanto o zodíaco védico quanto o ocidental sigam praticamente os mesmos doze signos, as datas são diferentes — por exemplo, Áries vai de 13 de abril a 14 de maio (em vez de 21 de março a 20 de abril no calendário ocidental), enquanto Touro vai de 15 de maio a 14 de junho (em vez de 21 de abril a 20 de maio). Isso ocorre porque a Astrologia védica se baseia nas posições fixas e observáveis das constelações relacionadas, enquanto a Astrologia ocidental leva em consideração o deslocamento da Terra em seu eixo ao longo de milênios e se baseia na posição mutável do Sol.

CHINESA

Esse sistema é baseado nos ciclos lunares e no poder dos cinco elementos — madeira, fogo, terra, metal e água. Aproveitando-se da antiga filosofia chinesa e do conceito de yin e yang, cada ano é associado a um animal, bem como a um elemento.

Diferentes técnicas astrológicas

Existem muitas práticas astrológicas diferentes, mas as descritas a seguir são algumas das mais utilizadas em todo o mundo.

ASTROLOGIA MODERNA

Também conhecida como "Astrologia psicológica", é o tipo mais popular no Ocidente e a técnica abordada neste livro. É uma prática com muitas camadas, mas, em termos gerais, a Astrologia moderna analisa a posição dos planetas em relação ao seu mapa astral — que é um retrato dos planetas e das estrelas no dia do seu nascimento — e usa essas informações para compreender sua personalidade, características e comportamentos.

Alan Leo foi um respeitado astrólogo britânico que reviveu a prática no fim dos anos 1800 e início dos 1900, após a queda de popularidade da Astrologia no fim do século XVII. Leo, que usava seu signo solar como pseudônimo, é conhecido como "pai da Astrologia moderna", graças à maneira como ajudou a distanciá-la da ideia de oráculo e incentivou as pessoas a usarem-na para analisar comportamentos e personalidade por meio de uma abordagem psicológica.

ASTROLOGIA HORÁRIA

A técnica da Astrologia horária tem raízes nas antigas tradições helenísticas e busca responder a uma pergunta criando um horóscopo para o momento da indagação. O astrólogo geralmente recebe um simples "sim" ou "não" como resposta à pergunta feita.

ASTROLOGIA MUNDIAL

A Astrologia mundial estuda o efeito dos planetas em grupos de pessoas, lugares e países. Essa ramificação da Astrologia concentra-se em eventos significativos ao longo da história e busca entendê-los através da criação de um mapa astral para aquele momento específico. Um horóscopo então é criado para explicar como as pessoas podem reagir ou lidar com esse evento.

ASTROLOGIA ELETIVA

A Astrologia eletiva examina o momento ideal para um evento ocorrer, com base na posição dos planetas. Um astrólogo pode te aconselhar a se casar quando Vênus — o planeta do amor e da harmonia — estiver alinhado com a posição do planeta em seu mapa astral, por exemplo.

ASTROLOGIA DE RELACIONAMENTOS

Essa vertente astrológica analisa as chances de compatibilidade entre dois indivíduos no amor e em todos os tipos de parceria. Um astrólogo estuda os mapas astrais de dois indivíduos para analisar se eles se dariam bem. Há duas maneiras de fazer isso. A primeira é a *sinastria*, que compara os dois mapas astrais lado a lado; e a segunda é o mapa composto, que envolve o cálculo dos pontos médios dos planetas em cada mapa astral para criar um mapa para a união, que então é interpretado do zero.

TRADICIONAL

Até o século XX e a introdução da Astrologia moderna, a maioria das vertentes da prática era considerada "tradicional". Esse ramo da Astrologia concentra-se em previsões e usa apenas os sete astros que podemos ver a olho nu: Sol, Lua, Mercúrio, Vênus, Marte, Júpiter e Saturno.

ASTROCARTOGRAFIA

A Astrocartografia analisa um mapa astral para determinar onde alguém deveria viver ou passar algum tempo. De acordo com a posição de certos planetas em relação aos planetas do mapa de uma pessoa, é possível aconselhar um destino para morar ou passar as férias.

Se alguém quisesse saber, por exemplo, onde poderia passar férias excelentes, um astrólogo poderia observar a posição de Vênus (que representa o prazer) e Júpiter (viagens de longa distância) para deduzir a localização ideal. Essa prática também é conhecida como "astromapeamento".

ASTROLOGIA MÉDICA

O foco da Astrologia médica é a saúde de uma pessoa, e o astrólogo usa o mapa astral do indivíduo para descobrir a causa de quaisquer problemas de saúde existentes. O problema, as curas e a área ou áreas do corpo em questão correspondem a posições planetárias específicas.

Ficção científica?

A Astrologia moderna está mais popular que nunca. As gerações mais jovens adotam cada vez mais a prática para tentar entender sua vida. E a têm em alta consideração: uma pesquisa da National Science Foundation, realizada nos últimos anos, constatou que mais da metade dos millennials acredita que a Astrologia é uma ciência.

O que a Astrologia pode fazer por você

A Astrologia não prevê o seu futuro ou descreve a sua personalidade de maneira definitiva; em vez disso, descreve o potencial para características ou eventos específicos se manifestarem. Ela pode te ajudar a entender do que você é capaz como ser humano e quando aproveitar momentos propícios ou desafiadores. A Astrologia não anula o seu livre-arbítrio — você não é controlado pelos planetas —, mas os planetas criam certas condições que você pode aprender a utilizar a seu favor.

Quando compreende por que age de determinada maneira ou reconhece seus medos e desejos, você se sente mais à vontade consigo mesmo e com o seu mundo. E, quando se conhece melhor, age com consciência plena do que está fazendo e por quê.

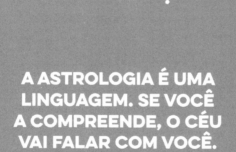

A ASTROLOGIA É UMA LINGUAGEM. SE VOCÊ A COMPREENDE, O CÉU VAI FALAR COM VOCÊ.

DANE RUDHYAR

Parte 2
CONHEÇA O SIGNO DE ESCORPIÃO

Oitavo signo do zodíaco, Escorpião é o epítome da intensidade e busca um significado mais profundo ao longo da vida. Esse signo de água tem uma personalidade magnética e sabe como usá-la para atrair outras pessoas. Os escorpianos são determinados e, geralmente, uma força poderosa a ser enfrentada. Focados e decididos, eles se esforçam para conseguir o que desejam e se recusam a ser dominados. Nas próximas páginas, vamos analisar com mais detalhes o que realmente guia o temperamento do escorpiano em todas as áreas da vida, desde carreira até finanças, passando por amor e romance, relacionamentos com amigos e família, saúde e bem-estar, e também signos compatíveis. Descobriremos o que os planetas significam, assim como os pontos fortes e os desafios.

Ficha técnica: Escorpião

DATAS: 23 de outubro a 21 de novembro

SÍMBOLO: Escorpião

GLIFO: ♏

CARACTERÍSTICAS: Intenso, profundo, engenhoso

PARTE DO CORPO: Órgãos sexuais

ELEMENTO: Água

PLANETA REGENTE: Plutão

COR: Preto

CRISTAL: Opala (outubro), topázio (novembro)

CRISTAIS ASSOCIADOS: Turmalina rosa, ametista, azurita gota de chuva

CHACRA: Plexo solar

CURIOSIDADES

+ **Escorpião é o oitavo signo do zodíaco, após Libra e antes de Sagitário. É o segundo dos signos de água, sendo os outros Câncer e Peixes.**

+ **A palavra "Escorpião" vem do latim *Scorpion*, e nomeia a constelação representada pelo artrópode.**

+ **Escorpião não é representado da mesma forma em todas as culturas: na cultura maori, é conhecido como "Anzol de Maui"; na Indonésia é chamado de "Cisne Incubador" ou "Coqueiro inclinado"; e na China é incorporado ao "Dragão Azul".**

+ **Na mitologia grega, a constelação representa o escorpião gigante que picou e matou Órion.**

+ **Para os antigos gregos, a constelação era maior do que atualmente, já que interpretavam a de Libra como as garras de Escorpião.**

+ **No hemisfério norte, a constelação está situada próxima do horizonte sul; no hemisfério sul, encontra-se próxima ao centro da Via Láctea.**

+ **A constelação de Escorpião tem muitas estrelas brilhantes, como a supergigante vermelha Antares e sua vizinha Shaula, também conhecida como Lambda Scorpii.**

A história de Escorpião

O símbolo de Escorpião tem origem no mito grego de Órion.

Órion era filho de Posêidon e Euríale, e parceiro de caça de Ártemis. A história conta que Apolo, irmão gêmeo da deusa, estava com ciúmes da ligação que a irmã tinha com Órion e, por isso, enviou um escorpião gigante para atacá-lo. O bicho assustadoramente enorme picou e matou o caçador, e então Zeus colocou ambos no céu para formar as constelações de Órion e Escorpião.

Não é possível avistar as duas constelações no céu ao mesmo tempo, já que Órion surge só depois que Escorpião se põe, e Escorpião só ascende assim que Órion sai de vista — dois inimigos mortais mantendo distância um do outro.

Outra versão do mito afirma que Órion era tão arrogante em relação às suas habilidades de caça que se gabava de não haver animal na Terra que ele não pudesse matar. Para lhe ensinar uma lição, a deusa da Terra, Gaia, enviou Escorpião, o artrópode gigante, para picar e matar Órion, o que ele fez prontamente.

SEM A ASTROLOGIA, O HOMEM CAMINHA, PODEMOS DIZER, NO CREPÚSCULO SOMBRIO DA IGNORÂNCIA.

LUKE DENNIS BROUGHTON

Escorpião:
o que os planetas nos dizem

Uma das vertentes mais importantes da Astrologia estuda o que os planetas dizem quando estão em transição pelo seu signo solar. Você pode encontrar previsões de trânsito planetário em vários sites, incluindo: <astrosage.com/transits> (em inglês). Observação: os planetas externos e, portanto, mais lentos — Urano, Netuno e Plutão levam centenas de anos para percorrer os doze signos do zodíaco! Logo, o que podem indicar é muito mais amplo e menos pessoal.

Sol: propósito – Você aprende com as situações difíceis que vivencia e emerge com uma força interior renovada e uma perspectiva transformada.

Lua: intuição – Você tem medo de se machucar, por isso ttende a se fechar emocionalmente. Experimente exercícios de alto impacto para se revitalizar.

Mercúrio: comunicação – Você é mais corajoso do que a maior parte das pessoas e não tem medo de expressar como se sente, mesmo sabendo que pode não ser bem recebido.

Vênus: amor – Quando se apaixona, você se entrega completamente. Não confia com facilidade, mas, quando se sente seguro, sabe que é hora de baixar a guarda.

Marte: ação – Você é incrivelmente forte e teimoso quando se trata de resistência. E não tolera bobagens de ninguém.

Júpiter: oportunidade – Você adora viajar e aproveita cada oportunidade que tem de cair no mundo. É intensamente apaixonado pelas causas em que acredita.

Saturno: autoridade – Seu lado passional encontra equilíbrio aqui, e você é recompensado com um senso de autoridade por lidar de forma admirável com crises.

Urano: mudança – Urano representa mudanças repentinas e inovação, além do avanço da ciência e tecnologia.

Netuno: imaginação – Além da intuição, glamour e encanto, Netuno instiga a fazer perguntas importantes na busca por outro caminho.

Plutão: poder – Plutão trata da visão geral e não se preocupa com detalhes. Devido à sua órbita lenta, pode levar entre doze e trinta anos para passar por um signo — e 248 anos para transitar pelo zodíaco. Por isso é conhecido como "o planeta geracional", com gerações inteiras encontrando Plutão no mesmo signo em seus mapas.

2060 Quíron

Alguns ramos da Astrologia também incluem Quíron, um planeta-anão localizado no sistema solar externo que orbita o Sol entre Saturno e Urano. Descoberto em 1977, ele sugere que a autoconfiança promoverá a cura enquanto você busca independência.

Escorpião: traços de personalidade e características

Escorpião é considerado o signo mais intenso do zodíaco. O escorpiano é uma alma possessiva, principalmente em relação a outras pessoas, e, embora isso possa se manifestar como lealdade feroz, também pode se revelar como ciúme. Profundamente emocional, está sempre fazendo perguntas e buscando respostas; não se interessa muito pelo que está na superfície, preferindo explorar além dela. Não raro, gosta de pensar que entende as pessoas e vê um lado delas que outros talvez não vejam.

A personalidade magnética atrai as pessoas e tende a fazê-las se abrir com o escorpiano. O nativo deste signo possui uma força de vontade de aço que o impulsiona a alcançar seus objetivos. Persistente e obstinado, é um grande realizador e tem uma habilidade nata para o pensamento profundo e analítico. É determinado, focado e geralmente consegue o que quer.

Escorpião gosta de ter todo o poder e raramente deixa alguém controlá-lo; quem quiser tentar, pode esquecer. Este signo assume o controle das situações, direcionando-as para onde deseja. Alguns o respeitam por isso, enquanto outros o acham autoritário.

Escorpião: pontos fortes e desafios

PONTOS FORTES

- O escorpiano possui uma empatia e um calor natural que o impulsionam a ajudar os outros. Tem uma compreensão das pessoas mais ampla do que a maioria, realmente dedicando tempo e esforço para entender o que as motiva.

- Corajoso e poderoso, não tolera tolices de ninguém e defende aqueles que podem não ser tão fortes quanto ele.

- Escorpião é uma força da natureza que inspira as pessoas a se manifestarem quando acham que algo não está certo ou a lutarem pelo que acreditam.

DESAFIOS

+ O ciúme é uma característica forte deste signo. O escorpiano precisa aprender a controlar esse sentimento e praticar meditação é uma boa estratégia quando sentir que o ciúme e a inveja estão tomando conta.

+ Tem dificuldade para se comprometer em um relacionamento por medo de ser magoado. Embora não se identifique com o provérbio "gato escaldado tem medo de água fria", mantém-se reservado e só deixa as pessoas entrarem quando sabe que pode confiar nelas.

+ Tem temperamento explosivo e pode perder a calma facilmente. Isso é algo que precisa controlar e aprender a dominar com técnicas de respiração e exercícios de alta intensidade.

Escorpião: interesses, do que gosta e do que não gosta

INTERESSES

Adora qualquer passatempo que ofereça um ar sombrio de mistério — pense em romances policiais, filmes de terror, podcasts ou séries de TV sobre *true crime*: ou seja, qualquer coisa que dê arrepios.

Se puder tentar resolver o mistério, melhor ainda; Escorpião adora um desafio. Também é fã de fins de semana dedicados a jogos de investigação, caça ao tesouro, festas à fantasia e bailes de máscaras.

A meditação figura entre suas atividades favoritas; ficar um tempo sozinho em seu próprio espaço mental é o passatempo perfeito para o escorpiano e, se conseguir suportar a voz de outra pessoa, pode gostar de experimentar diferentes gravações de meditação guiada.

GOSTA

Escorpião é considerado um dos signos mais passionais do zodíaco. Exige profundidade em seus relacionamentos românticos e intensidade entre quatro paredes.

Um escorpiano nunca esquece e, quando um amigo fica do seu lado, ele se lembra de tudo e retribui com seu tempo e atenção.

NÃO GOSTA

Não tem tempo nem paciência para pessoas maçantes que só falam de si mesmas. A menos que alguém tenha um excelente motivo para ser incrivelmente entediante, o escorpiano não está interessado.

Ninguém quer cair em desgraça com Escorpião. Este signo absolutamente abomina a deslealdade e sabe guardar rancor — por muito tempo.

Escorpião: estilo de comunicação

Os escorpianos são almas sociáveis, mas preferem, sem sombra de dúvida, encontrar-se com as pessoas individualmente. Sentar-se em um cantinho escuro de um bar e ter uma conversa profunda e significativa com um amigo ou parceiro é o seu tipo favorito de interação social, e prefere isso a qualquer conversa superficial em uma festa. Os nativos de Escorpião costumam não ver sentido em conversas triviais e querem ir direto ao ponto.

Frios e misteriosos, têm uma língua afiada e um humor peculiar que outros acham cativante. Ao mesmo tempo encantadores e interessantes, acrescentam muito valor às conversas — não há papo furado com este signo.

Os escorpianos podem ser incrivelmente gentis e compreensivos com quem têm afinidade, ávidos para corrigir injustiças e orientar aqueles que precisam de ajuda para voltar ao caminho certo. Por essa razão, é um confidente para muitos; uma pessoa confiável e um bom ouvinte que sempre tem tempo para as pessoas quando elas precisam.

Escorpião: compatibilidade com outros signos

Lembre-se de que isso não é uma regra absoluta — o zodíaco opera de maneiras misteriosas, e só porque o seu signo pode parecer incompatível com o de alguém próximo não significa que uma amizade ou algo a mais esteja fora de questão. Como sempre, a Astrologia é apenas um guia.

Áries – Escorpião admira a confiança de Áries em ser brutalmente honesto, enquanto Áries enfrenta seus medos em um relacionamento com Escorpião.

Touro – Esses signos muito diferentes podem ser bons um para o outro. Touro traz Escorpião de volta à Terra e Escorpião pode ajudar Touro a passar por grandes mudanças.

Gêmeos – Esses dois costumam ser grandes companheiros. Gêmeos adora a ética profissional de Escorpião, que ajuda Gêmeos a abandonar maus hábitos.

Câncer – Escorpião e Câncer têm perfis muito reservados. Ambos são intensamente emocionais, empáticos e compreensivos um com o outro.

Leão – Leão pode se abrir emocionalmente para Escorpião, enquanto Escorpião pode aprender com Leão a ser o centro das atenções.

Virgem – Escorpião se sente seguro com o senso de realidade de Virgem e os dois costumam ser melhores amigos.

Libra – Escorpião acha Libra misterioso e isso o intriga; no entanto, Libra precisa dedicar mais tempo a Escorpião para que a parceria funcione.

Escorpião – Dois Escorpiões podem significar intensidade e escuridão em dose dupla. A comunicação é direta e a conexão emocional é extremamente forte.

Sagitário – Escorpião tende a se sentir particularmente ciumento nessa combinação, mas os dois signos têm muito em comum e vivem aventuras juntos.

Capricórnio – Esses dois têm um relacionamento extremamente intenso e podem acabar fazendo joguinhos um com o outro.

Aquário – Há muita tensão entre os dois signos, o que pode levar à hostilidade; no entanto, têm muito a ensinar um ao outro.

Peixes – Peixes e Escorpião se sentem muito à vontade na companhia um do outro e cada um sabe como trazer diversão para o relacionamento.

Escorpião: amigos e família

O escorpiano costuma ter muitos amigos próximos, mas geralmente fazem parte de círculos diferentes e não se conhecem. Prefere vê-los em particular em vez de reunir todos no mesmo evento. Gosta de focar as pessoas individualmente e conhecê-las a fundo.

É comum perceber que tem um dom para entender as pessoas e descobrir que elas se sentem à vontade em sua companhia, pois se abrem e confiam nos seus sábios conselhos. É da natureza do escorpiano mergulhar fundo para chegar à raiz de um problema e enfrentá-lo de dentro para fora.

Não é do tipo que vai a uma festa onde não conhece ninguém. Não vê sentido nisso. O tempo é precioso, então por que desperdiçá-lo com conversas superficiais com pessoas que mal conhece?

Está determinado a tirar o máximo da vida, mas para Escorpião isso significa forjar relacionamentos profundos e significativos que enriqueçam sua existência.

O que também se estende à família, e o nativo deste signo dedica muito esforço aos relacionamentos com os parentes, mantendo contato com aqueles mais distantes e frequentemente sendo o elo que mantém as pessoas unidas.

Como pai ou mãe, envolve-se profundamente na vida e nos interesses de sua prole, orientando e encorajando em cada passo do caminho. É o maior incentivador dos filhos e, é claro, só quer o melhor para eles, mas é importante lembrar que é preciso dar privacidade e espaço para que tomem as próprias decisões.

Escorpião: amor e sexo

Escorpião é considerado o signo mais sexy do zodíaco. Seus nativos costumam ter uma alta libido e precisam de um parceiro que esteja à altura. Isso se deve em parte à sua intensidade e ao fato de que aparentemente têm reservas inesgotáveis de energia.

Quando o escorpiano coloca sua atenção em um possível parceiro, faz de tudo para conseguir o que deseja. Adora a emoção da conquista e, quanto mais ela durar, mais interessado fica. Escorpião tem um quê de enigma e as pessoas são atraídas por sua personalidade misteriosa.

Nos relacionamentos, canaliza sua intensidade e é tão focado que pode quase sufocar o parceiro com atenção excessiva. Algumas pessoas gostam disso, enquanto outras acabam pedindo um pouco de espaço.

Mas, no geral, as pessoas gostam de estar perto de escorpianos, pois são empolgantes e sempre dispostos a experimentar o máximo que puderem nesta vida, e querem levar o parceiro junto nessa jornada.

A intensidade escorpiana pode se manifestar em comportamentos obsessivos e possessivos. Quando o nativo desse signo age com muito ímpeto, pode acabar assustando aquele alguém especial, por isso deve lembrar que o parceiro precisa de espaço — e o próprio escorpiano também, mesmo que ache que não. Um período longe um do outro será benéfico para ambos e tornará os momentos que passarem juntos muito mais significativos.

Escorpião: carreira e sucesso

Os nativos de Escorpião costumam ser grandes realizadores no ambiente de trabalho, canalizando enormes quantidades de energia para suas carreiras para alcançar a excelência. Extremamente ambiciosos, quando estabelecem um objetivo, movem céu e terra para atingi-lo.

Os escorpianos frequentemente se investem emocionalmente no trabalho e são atraídos por carreiras nas quais possam ajudar os outros, conquistando uma posição firme em cada degrau da escada rumo ao topo.

São atraídos pelo poder, daí sua necessidade de sucesso, e quando alcançam o objetivo, prosperam em uma posição elevada. Têm um magnetismo único em cargos de gerência, alimentando a confiança dos colegas ao ouvi-los atentamente quando têm preocupações. É um solucionador de problemas, ávido para chegar à raiz da questão e resolvê-la antes que saia do controle, o que o torna popular entre os colegas. Além disso, é excelente para trabalhar em equipe, sendo o primeiro a tomar atitudes e encorajar os colegas quando necessário.

Também costuma ser atraído por profissões que envolvam alguma forma de poder, talvez na política ou no jornalismo, ou que envolvam o cuidado com o outros, como na medicina ou no setor de caridade.

Escorpião: dinheiro e prosperidade

Quando se trata de questões financeiras, o escorpiano costuma ser bastante reservado. É provável que tenha guardado dinheiro por anos e acumulado uma boa reserva, sem que os mais próximos saibam. Se perguntarem, pode até falar a respeito, mas certamente não será o primeiro a comentar de sua habilidade em economizar.

Dinheiro é um assunto sobre o qual é muito discreto. Quanto aos ganhos, trata-se de uma informação privilegiada e não é um tópico que surge de forma natural nas conversas.

Em relação a grandes decisões financeiras, avalia todas as possibilidades antes de assinar qualquer compromisso. É astuto quando se trata de investimentos, não corre riscos e provavelmente busca aconselhamento profissional antes de se envolver.

Quando questões financeiras e de vida estão em pauta, adota uma atitude sensata e prática. Olha para o futuro e faz planos estratégicos com os pés no chão, definitivamente não é do tipo que deixa as coisas ao acaso para ver onde vão dar.

A estabilidade é importante para o escorpiano, que faz todo o possível para se preparar para situações incertas, ciente de que não sabe o que pode estar à espreita.

Escorpião: saúde e bem-estar

Os escorpianos se entregam à vida e ao trabalho de tal forma que nem sempre fazem as pausas necessárias para se recuperarem.

A intensidade com que vivem a vida pode afetar seus níveis de estresse, e é importante desligar e cuidar um pouco de si quando necessário, mesmo quando acharem que não é necessário. Incorporar uma aula regular de ioga na rotina pode fazer maravilhas para a mente e o corpo sobrecarregados do escorpiano, dando-lhe espaço para respirar.

Se conseguir encaixar, a meditação guiada por cinco ou dez minutos diários fará um bem enorme. É importante cuidar do cérebro ocupado para evitar a estafa.

Praticar atividades físicas ao ar livre com regularidade também é revigorante e ajuda a lidar com níveis de estresse crescentes. Por exemplo, incorporar atividades que alimentem a alma, como passear pela natureza, fazer uma caminhada ou uma trilha.

Também é possível experimentar o banho de floresta — uma prática de ecoterapia japonesa que envolve caminhar ou imergir na natureza, conectando-se conscientemente com o ambiente ao redor. Os benefícios para a saúde física e mental são inúmeros.

Nadar em águas abertas ou frias é outro modo de aproveitar a natureza. Muitos adeptos desse tipo de natação afirmam se sentir energizados pelo restante do dia após um mergulho, e os benefícios da terapia com água fria são amplamente reconhecidos — se quiser saber mais, pesquise o método Wim Hof.

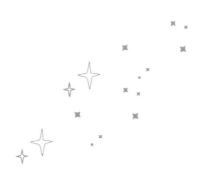

Parte 3
SEU HORÓSCOPO E VOCÊ

Este é o momento de colocar seu conhecimento em prática — é hora de construir um mapa astral. Nas próximas páginas, você aprenderá como fazer isso e, mais importante, como decodificá-lo. Pode parecer complicado à primeira vista, mas não se preocupe — todos os elementos e as informações de que você precisa para entender seu mapa estão aqui neste capítulo. Vamos te guiar passo a passo e te ajudar a dar sentido a tudo. Desde o signo lunar e o signo ascendente até os significados ocultos nos planetas e nas casas, os mistérios do zodíaco estão prestes a ser revelados.

Usando a Astrologia para adivinhação e orientação

Ao traçar um mapa astral e descobrir a posição dos planetas e signos do zodíaco no céu e a casa astrológica específica que eles estavam ocupando no dia do seu nascimento, você pode obter uma compreensão mais profunda de si mesmo.

Munido desse conhecimento, você pode aprender mais sobre quem é, suas motivações e o que faz seu coração bater mais forte. Também pode ter uma visão mais clara de quem pode se tornar, quais perspectivas estão à frente e como pode trabalhar esse potencial a seu favor.

Seja porque se sente incompreendido ou simplesmente porque deseja ter mais clareza, o céu pode te oferecer consolo. Quando grandes decisões se aproximam, você pode recorrer à Astrologia em busca de conforto e tranquilidade. Embora a Astrologia não forneça respostas definitivas, ela oferece muitos temas para reflexão e autoidentificação.

Com as casas abordando tantos aspectos da sua vida, e os planetas e signos do zodíaco relacionados à sua personalidade, você poderá encontrar muitas respostas!

Nas próximas páginas, você aprenderá a elaborar seu mapa astral (isso é muito mais fácil do que antes, graças à tecnologia moderna e à internet) e saberá o significado de todos os setores e símbolos; descobrirá seus signos lunar e ascendente; e ampliará seu conhecimento sobre os planetas e as casas, a influência deles em sua vida e aprenderá a interpretar seus significados.

O que fazer ou não ao interpretar as estrelas

O QUE FAZER

- Lembre-se de que o foco da Astrologia é a orientação.
- Pense bem antes de tomar qualquer decisão importante.
- Recorra a um astrólogo experiente se estiver preocupado ou precisar de clareza em sua leitura.

O QUE NÃO FAZER

- Não leve as análises ao pé da letra — são informações para que você interprete o significado e reflita como se aplicam à sua vida.
- Não se apresse — vá no seu próprio ritmo e tudo ficará claro.
- Não fique obcecado com resultados — amanhã é outro dia e tudo pode mudar.

UMA CRIANÇA NASCE NO DIA E NA HORA EM QUE OS RAIOS CELESTIAIS ESTÃO EM HARMONIA MATEMÁTICA COM SEU CARMA INDIVIDUAL.

SRI YUKTESWAR

Como criar seu próprio mapa astral

Para criar seu mapa astral, você só precisa saber o dia e o local de seu nascimento. No entanto, é vital que saiba exatamente a que horas nasceu. Caso contrário, tente perguntar a parentes ou consultar registros médicos, se tiver acesso a eles, ou verificar em seu livro ou álbum de bebê — caso tiver um —, porque é impossível criar um mapa astral preciso sem essa informação.

Também conhecido como mapa natal, o mapa astral é essencialmente um panorama da posição dos planetas e das estrelas no céu no exato momento de sua chegada à Terra. É algo totalmente único, jamais repetido, que pode proporcionar muitas percepções valiosas na busca por entender melhor a si mesmo.

Criar um mapa astral costumava ser um processo trabalhoso, porém, graças à internet, agora é possível obtê-lo em questão de minutos. Experimente o <astrolink.com.br> e faça seu mapa astral gratuito, do mais simples ao mais complexo — até mesmo o mapa astral mais simples parecerá um tanto indecifrável na primeira vez que o vir, mas logo você pega o jeito.

O TimePassages (em inglês) é um aplicativo pago muito fácil de usar, que permite criar um mapa astral e ler horóscopos diários com base em suas informações pessoais e trânsitos astrológicos — além de comparar seu mapa com o de um amigo ou parceiro, caso queira se aprofundar mais.

Um exemplo de mapa astral

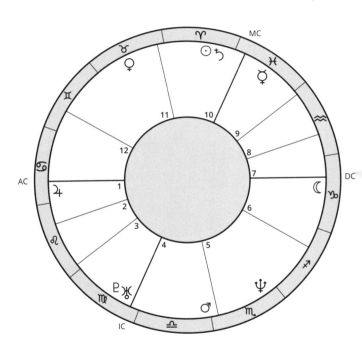

Glifos astrológicos

ÁRIES

TOURO

GÊMEOS

CÂNCER

LEÃO

VIRGEM

LIBRA

ESCORPIÃO

PEIXES

SAGITÁRIO

CAPRICÓRNIO

GLIFOS DOS PLANETAS

SOL

LUA

MERCÚRIO

VÊNUS

MARTE

JÚPITER

SATURNO

URANO

NETUNO

PLUTÃO

Como decifrar seu mapa astral

Mantenha a mente aberta ao analisar seu mapa astral. Seja flexível, criativo e esteja preparado para abraçar os desafios que forem apresentados. Explore o potencial que essa análise oferece e esteja aberto a sugestões que talvez não esperasse antes.

Já falamos sobre os signos do zodíaco e, nas próximas páginas, examinaremos os planetas e as casas. Esses são os elementos mais importantes do mapa astral.

Na roda externa estão os doze signos do zodíaco, enquanto os doze segmentos internos são as casas.

A linha que atravessa o meio é o horizonte, com a sigla AC para ascendente, ou signo ascendente, e DC para descendente. Na linha vertical, MC é a sigla de Meio do Céu e IC de *imum coeli* (conhecido como Fundo do Céu).

Agora é hora de descobrir o que tudo isso significa. As instruções nas páginas a seguir vão te mostrar como.

OS PLANETAS

Examine os planetas um por um e a posição que ocupam no mapa. De maneira simplificada: os planetas representam o "o quê", o signo pelo qual estão transitando representam o "como" e "por que", e a casa em que o planeta aparece representa a área da vida na qual isso é relevante. Por exemplo, se a Lua está transitando por Aquário e pela primeira casa. Com base nisso, podemos interpretar que a Lua indica sentimentos profundos e Aquário representa clareza — talvez a solução para uma grande decisão se torne clara — na primeira casa, que simboliza nossa personalidade e o eu.

AGRUPAMENTOS PLANETÁRIOS

Agrupamentos de planetas no mapa também podem ser reveladores. O hemisfério superior do mapa representa a vida pública, enquanto o hemisfério inferior representa a vida privada. A metade oeste representa a liberdade, enquanto o lado leste representa o destino. Se houver mais planetas de um lado que de outro, isso influencia a leitura.

NODOS LUNARES

Os nodos lunares são os pontos nos quais a Lua intercepta a esfera e são representados pelo glifo ☊. Cada mapa astral tem um Nodo Norte e um Nodo Sul, com o Nodo Sul posicionado diretamente em oposição ao Nodo Norte. Como o Nodo Sul representa o passado, quem você foi, seu comportamento instintivo e sua zona de conforto, ele não costuma aparecer nos mapas astrais, mas é reservado para leituras astrológicas posteriores; já o Nodo Norte representa o oposto do Nodo Sul, a direção que você deveria estar seguindo na vida, aspirações e como pode se desafiar a crescer. Os signos do zodíaco nos quais esses dois nodos caem representam como essas características passadas e futuras devem ser.

Por exemplo, se o Nodo Norte cai em Leão, sugere que o futuro está em se cercar de outras pessoas, brilhar na área profissional em que você escolheu atuar e ser audacioso ao tomar grandes decisões.

A ABÓBADA CELESTE ESTRELADA É, NA VERDADE, O LIVRO ABERTO DA PROJEÇÃO CÓSMICA.

CARL JUNG

Como descobrir o signo lunar

O signo lunar é o signo astrológico pelo qual a Lua estava passando no momento do seu nascimento. A Lua leva dois dias e meio para percorrer cada signo, portanto cerca de um mês para completar um ciclo por todos os signos do zodíaco.

Entender o signo lunar é importante, pois ele é a nossa natureza emocional — como medos, anseios, obsessões e tudo mais. Muitas vezes é chamado de "alma da identidade" — aquela parte subconsciente que permanece oculta e que talvez você nem conheça tão bem. Aprender mais sobre o signo lunar pode te ajudar a desbloquear esses traços ocultos e ampliar a compreensão que tem de si mesmo.

Alguns chamam o signo lunar de "criança interior", o centro emocional bem guardado. Ele pode ter um grande impacto no humor e na forma como as emoções chegam à superfície.

Você conhecerá seu signo solar, mas é importante também calcular o signo lunar para ter o quadro global. Você se sentirá incompleto sem ele.

Como calcular o signo lunar

No passado, para determinar seu signo lunar, você teria de procurar a hora e a data de seu nascimento em uma tabela de efemérides — um extenso compêndio de tabelas que traçam a posição da Lua ao longo dos dias, meses e anos. Você pode encontrar o signo lunar no seu mapa natal. Por exemplo, no mapa da página 70, o signo lunar cai em Capricórnio, sugerindo que rotina e estrutura são necessárias.

Hoje em dia, no entanto, não é necessário fazer o mapa astral para descobrir o signo lunar. Se está atrás de uma resposta rápida, pode usar uma calculadora on-line como a <lunarium.co.uk/calculators/moonsign> (em inglês). Você só precisa saber o horário exato do seu nascimento, pois alguns minutos de diferença podem resultar em um signo lunar completamente distinto.

Entendendo seu signo lunar

Áries – Você é uma alma impaciente, que avança pela vida em um ritmo estressante. Pode ser difícil planejar o futuro quando só pensa no agora.

Touro – Você leva as coisas devagar e cautelosamente, permanecendo calmo e prestando atenção a cada detalhe. Sente a necessidade do toque e de manter as pessoas por perto.

Gêmeos – Você prospera na aprendizagem e na absorção de novas informações — seja pelas interações com os outros ou pela leitura de livros.

Câncer – A segurança é muito importante para você e há uma ânsia enraizada de também manter aqueles ao seu redor seguros.

Leão – Você adora ser elogiado e busca aplauso onde quer que vá. Está sempre disposto a nutrir os próprios talentos e também a ajudar os outros a encontrar os deles.

Virgem – Você é prático quando se trata de cuidar de si mesmo e dos outros. O bem-estar é importante e o autocuidado está no topo de suas prioridades.

Libra – Você adora companhia e é atraído por pessoas com quem pode fazer amizade com facilidade. O bem-estar é uma de suas prioridades, principalmente quando envolve calma e paz.

Escorpião – Você expressa suas emoções sem reservas e pode achar difícil se conter. Experimente um treino acelerado se precisar dissipar esses sentimentos.

Sagitário – Você gosta de ter seu próprio espaço e a liberdade de fazer as coisas do seu jeito. Prefere viajar sozinho e lidar com suas emoções por conta própria.

Capricórnio – Você é fã da rotina — a estrutura funciona para você e te ajuda a navegar na vida cotidiana, mantendo uma sensação de controle.

Aquário – Você não segue a multidão e sempre quer explorar opções alternativas. Senso de comunidade é importante para você, já que busca pessoas com mentalidade semelhante.

Peixes – Suas emoções podem te deixar confuso, assim como lidar com as emoções alheias. Muitas vezes, ficar algum tempo sozinho é a solução ideal.

O que é o signo ascendente?

O signo ascendente, também conhecido apenas como ascendente, é a constelação que estava ascendendo no horizonte leste no momento do seu nascimento, e é tão importante quanto o signo solar!

Assim como o solar, existem doze signos ascendentes — de Áries a Peixes. Enquanto seu signo reflete sua personalidade, o ascendente reflete como você age.

Por exemplo, se o seu signo solar for Escorpião, você pode ser intenso e possessivo, mas com ascendente em Leão, pode ser confiante e um pouco dramático. (Veja as páginas 18-23 para uma visão geral dos signos e seus traços.)

O signo ascendente está associado à primeira casa do mapa astral (veja a página 85 para mais informações sobre as casas), então tudo se trata de novos começos e autoidentidade. O signo solar representa um quadro mais amplo, enquanto o ascendente representa a superfície da personalidade, uma primeira impressão, por assim dizer.

Como calcular o signo ascendente

Hoje em dia, basta pesquisar on-line para descobrir nosso signo ascendente, mas, no passado, os astrólogos tinham que colocar a mão na massa para isso.

O signo ascendente é específico para o horário do nascimento e essencial para um mapa astral preciso. Ele muda com frequência, então esse dado é fundamental. Se você encontrou um astrólogo insistente que exigia essa informação, eis o motivo! Com os doze signos do zodíaco ascendendo em um período de 24 horas, cada um ocupa uma janela de duas horas, que pode então ser conectada ao horário do seu nascimento. Se você nasceu ao alvorecer do Sol, seu signo solar e o ascendente serão os mesmos.

Gêmeos nascidos com quinze minutos de diferença podem ter signos ascendentes diferentes, o que significa que seus mapas astrais — e, portanto, suas personalidades — podem diferir muito um do outro.

Embora seja possível reunir todas essas informações do mapa astral, você pode calcular seu signo ascendente aqui: <astrosofa.com/ascendant> (em inglês).

Como calcular
o signo descendente

O descendente é o signo que estava se pondo no horizonte oeste no momento do seu nascimento e sua localização é diretamente oposta à do ascendente, caindo na sétima casa, representando os relacionamentos (consulte a página 85 para obter mais informações sobre as casas).

O descendente descreve seus desejos, com quem você se dá bem e por quem é atraído. Ele descreve os obstáculos externos que te desafiam diariamente e tudo aquilo que você deseja, mas não consegue alcançar.

O signo descendente é importante para entender seu comportamento em relacionamentos e reflete experiências que podem te ajudar a compreender questões em uma parceria. Por exemplo, se o seu descendente for Aquário, isso sugere a busca por um senso de liberdade nos relacionamentos e o desejo de encontrar um parceiro que sinta o mesmo.

Para descobrir o signo descendente, consulte seu mapa astral ou calcule on-line, como fez com o ascendente, e veja seu perfil astrológico completo: <astrosofa.com/ascendant> (em inglês).

Compreendendo os planetas em seu mapa astral

Cada planeta reflete um aspecto de nossa personalidade, portanto há muito ganho quando temos uma compreensão mais profunda de seu significado. Os planetas indicam como reagimos às pessoas e às situações, delineiam nossos sonhos e desejos. Não se preocupe se algumas casas do seu mapa astral não tiverem nenhum planeta — isso é bastante comum! Cada planeta rege um signo, e um signo sempre ocupa uma casa. Use as informações a seguir ao interpretar seu mapa astral e consulte a página 18 para obter orientações específicas sobre os planetas em relação ao seu signo solar.

Sol é o nosso ego, nossa vontade e determinação. Ele orbita todos os signos do zodíaco ao longo de um ano.

Lua reflete uma parte de nós que permanece oculta, nossas memórias e emoções. Ela transita para um novo signo a cada dois dias e meio.

Mercúrio é o planeta da comunicação, das notícias e das viagens. Também pode refletir fofocas e rumores.

Vênus é o planeta do amor, do romance, da sensualidade e da beleza. Ele nos ajuda a entender nosso amor pelos outros, mas também pelas coisas.

Marte é o planeta da energia, da ação e do conflito.

Saturno é o planeta do compromisso e da estabilidade. Também representa as restrições impostas a nós.

Júpiter simboliza o crescimento espiritual e nos ajuda a entender quaisquer questões emocionais que possamos ter.

Netuno é frequentemente chamado de "poesia da alma", refletindo nossas emoções mais profundas e criatividade.

Urano representa a rebeldia e a luta contra a injustiça tanto em nossa vida pessoal quanto em escala global.

Plutão busca a mudança e como ela pode nos permitir crescer e alcançar nossos sonhos. Esse é o planeta que nos força a enfrentar e superar nossos medos.

Compreendendo as casas em seu mapa astral

Um mapa astral é dividido em doze setores que representam os signos solares do zodíaco, mas também há outras doze seções sobrepostas chamadas "casas". Cada casa representa um aspecto diferente de sua vida cotidiana, englobando carreira, viagens, amor e muito mais. Cada planeta se localiza tanto em um signo solar quanto em uma casa, e essas posições são fundamentais para decifrar seu mapa astral e entender mais sobre seu universo interior. O significado das casas é complexo e amplo; as páginas a seguir oferecem um breve panorama para começar, mas, se quiser investigar mais a fundo, consulte as indicações na página 125.

CASA 1: PERSONALIDADE

É a casa do eu; representa você, o corpo em que nasceu e seu temperamento. A Casa 1 simboliza o nascimento e novos começos, refletindo como vemos nossa vida e como nossas primeiras experiências nos impactaram e moldaram nosso mundo. Quando planetas transitam por essa casa, nossos objetivos são manifestados e novas ideias começam a se formar.

Planetas nesta casa
Sol – Desenvolvimento pessoal
Lua – Sentimentos profundos
Mercúrio – Conexão
Vênus – Beleza
Marte – Força
Júpiter – Otimismo
Saturno – Previdência
Urano – Individualidade
Netuno – Glamour
Plutão – Controle

Signos nesta casa
Áries – Motivação
Touro – Equilíbrio
Gêmeos – Comunicação
Câncer – Proteção
Leão – Ação
Virgem – Ordem
Libra – Elegância
Escorpião – Autodefesa
Sagitário – Visão
Capricórnio – Planejamento
Aquário – Clareza
Peixes – Imaginação

CASA 2: POSSES E DINHEIRO

Esta casa trata de posses materiais e finanças pessoais. Ela revela sua atitude em relação ao dinheiro: você o ama ou o odeia? Oferece perspectiva sobre suas finanças pessoais — talvez elas sejam motivo de preocupação, talvez você seja bom em economizar para dias difíceis, ou talvez seja um tanto frívolo — e também sobre como você ganha e gasta. Além das finanças, tudo que possui valor e importância pode ser encontrado nesta casa — o que consideramos valioso na vida e como nos valorizamos.

Planetas nesta casa
Sol - Independência
Lua - Segurança
Mercúrio - Comunicação
Vênus - Sensualidade
Marte - Ambição
Júpiter - Confiança
Saturno - Economia
Urano - Mudança
Netuno - Caridade
Plutão - Sobrevivência

Signos nesta casa
Áries - Automotivação
Touro - Acumulação
Gêmeos - Descontração
Câncer - Possessividade
Leão - Orgulho
Virgem - Parcimônia
Libra - Igualdade
Escorpião - Privacidade
Sagitário - Frivolidade
Capricórnio - Planejamento
Aquário - Compartilhamento
Peixes - Generosidade

CASA 3: COMUNICAÇÃO

Esta casa representa sua comunicação com aqueles ao seu redor. O modo como você se expressa e constrói relacionamentos com outras pessoas em sua vida — sejam amigos, família, colegas de trabalho, vizinhos ou aqueles na comunidade mais ampla — está em jogo aqui, e quando planetas entram nesta casa, você pode receber informações sobre sua rede de associações. A Casa 3 também enfoca a linguagem na comunicação, além dos relacionamentos que você tem com seus irmãos.

Planetas nesta casa
Sol – Linguagem
Lua – Educação
Mercúrio – Conexão
Vênus – Harmonia
Marte – Competitividade
Júpiter – Otimismo
Saturno – Autoridade
Urano – Obstinação
Netuno – Intuição
Plutão – Aprendizado

Signos nesta casa
Áries – Rivalidade
Touro – Aprendizado
Gêmeos – Conexão
Câncer – Proteção
Leão – Confiança
Virgem – Organização
Libra – Igualdade
Escorpião – Educação
Sagitário – Aventura
Capricórnio – Planejamento
Aquário – Racionalidade
Peixes – Imaginação

CASA 4: LAR E FAMÍLIA

Esta casa representa seu lar, o lugar que você considera seu refúgio ou onde sua família reside. Diz respeito a um senso de pertencimento, santuário e segurança. A família, aqui, não se refere apenas aos parentes, mas à família que você escolhe para si, como amigos, vizinhos e pessoas de sua comunidade. A Casa 4 também reflete seu relacionamento com figuras maternas em sua vida e observa as situações em que você se sente amado e cuidado.

Planetas nesta casa
Sol – Identidade
Lua – Privacidade
Mercúrio – Comunicação
Vênus – Paz
Marte – Conflito
Júpiter – Viagem
Saturno – Estabilidade
Urano – Independência
Netuno – Santuário
Plutão – Renovação

Signos nesta casa
Áries – Rivalidade
Touro – Segurança
Gêmeos – Lealdade
Câncer – Proteção
Leão – Orgulho
Virgem – Dever
Libra – Diplomacia
Escorpião – Privacidade
Sagitário – Aceitação
Capricórnio – Organização
Aquário – Comunidade
Peixes – Música

CASA 5: CRIATIVIDADE E PRAZER

Além da criatividade e do prazer, esta casa também está ligada ao lazer, ao romance e àquelas pequenas fontes de alegria — crianças — bem como ao nosso legado. A Casa 5 engloba tudo o que faz você se sentir bem e alegre — seja mergulhando em um projeto criativo, sentindo o impulso de confiança graças a um elogio ou sucesso profissional, ou o entusiasmo de um novo parceiro ou marco na vida. Ousadia para arriscar também se enquadra nesta casa, setor importante para jogadores e entusiastas de esportes radicais.

Planetas nesta casa
Sol - Reconhecimento
Lua - Brincadeira
Mercúrio - Impulsividade
Vênus - Comunicação
Marte - Competitividade
Júpiter - Fertilidade
Saturno - Estratégia
Urano - Originalidade
Netuno - Talento artístico
Plutão - Transformação

Signos nesta casa
Áries - Ação
Touro - Estabilidade
Gêmeos - Conexão
    romântica
Câncer - Cuidado
Leão - Alegria
Virgem - Humildade
Libra - Perfeição
Escorpião - Lealdade
Sagitário - Viagem
Capricórnio - Cautela
Aquário - Virtude
Peixes - Romance

CASA 6: SAÚDE E BEM-ESTAR

Além da saúde e do bem-estar, esta casa reflete suas rotinas diárias, que incluem afazeres domésticos e talvez as tarefas mais mundanas às quais você não costuma dar muita atenção. Aqui é onde você encontra recursos para otimizar seu cotidiano. Enquanto o corpo no qual você nasceu é refletido na primeira casa, é na Casa 6 que se concentra o bem-estar. Cuidados pessoais, equilíbrio entre trabalho e vida pessoal, bem como saúde mental e física, são todos abordados aqui.

Planetas nesta casa
Sol – Propósito
Lua – Hospitalidade
Mercúrio – Networking
Vênus – Unidade
Marte – Movimento
Júpiter – Satisfação
Saturno – Construção
Urano – Mudança
Netuno – Música
Plutão – Nutrição

Signos nesta casa
Áries – Produtividade
Touro – Calma
Gêmeos – Destreza
Câncer – Cuidado
Leão – Autoridade
Virgem – Detalhe
Libra – Diplomacia
Escorpião – Atividade
Sagitário – Liberdade
Capricórnio – Atenção
Aquário – Igualdade
Peixes – Estrutura

CASA 7: RELACIONAMENTOS

Diretamente oposta à primeira casa, a sétima casa reflete os relacionamentos que mudam sua vida — não apenas parceiros românticos, mas todos os relacionamentos significativos. Esta casa examinará tanto os aspectos negativos quanto os positivos desses relacionamentos, oferecendo informações potenciais sobre quaisquer desacordos que você possa ter experimentado com seus entes queridos.

Planetas nesta casa
Sol – Individualidade
Lua – Sensibilidade
Mercúrio – Conhecimento
Vênus – Valor
Marte – Assertividade
Júpiter – Motivação
Saturno – Compromisso
Urano – Independência
Netuno – Anseio
Plutão – Transformação

Signos nesta casa
Áries – Igualdade
Touro – Solidez
Gêmeos – Variedade
Câncer – Sentimentalismo
Leão – Desejo
Virgem – Estabilidade
Libra – Compromisso
Escorpião – Intensidade
Sagitário – Companhia
Capricórnio – Segurança
Aquário – Apoio
Peixes – Altruísmo

CASA 8: SEXO, MORTE E TRANSFORMAÇÃO

Esta é a casa na qual experimentamos os aspectos mais sombrios da vida — crises emocionais, perda e devastação — assim como os rituais, as provações e as tribulações de nossa existência. A Casa 8 também reflete relacionamentos românticos intensos e a adaptabilidade da vida humana à natureza em constante transmutação. Essa casa nos ensina que precisamos ceder para avançar, aceitar a mudança e aprender a nos fortalecer.

Planetas nesta casa
Sol – Exploração
Lua – Intuição
Mercúrio – Discrição
Vênus – Diplomacia
Marte – Decisão
Júpiter – Positividade
Saturno – Limites
Urano – Clareza
Netuno – Conexão
Plutão – Poder

Signos nesta casa
Áries – Impulsividade
Touro – Investimento
Gêmeos – Exploração
Câncer – Privacidade
Leão – Sucesso financeiro
Virgem – Catástrofe
Libra – Igualdade
Escorpião – Luxúria
Sagitário – Tomada
    de riscos
Capricórnio – Independência
Aquário – Racionalidade
Peixes – Entusiasmo

CASA 9: FILOSOFIA E AVENTURA

Esta casa olha para a frente, para o que ainda não sabemos, o que está além do horizonte. Viagens e educação superior também estão representadas aqui, e aqueles com mapas astrais mostrando planetas na nona casa em geral são extremamente curiosos e aventureiros quando se trata de viagens. Essa casa representa território inexplorado e curiosidade — busca por um maior entendimento de nós mesmos —, bem como fé e política.

Planetas nesta casa
Sol - Confiança
Lua - Vontade de viajar
Mercúrio - Linguagem
Vênus - Criatividade
Marte - Coragem
Júpiter - Ensino
Saturno - Cautela
Urano - Iluminação
Netuno - Espiritualidade
Plutão - Educação

Signos nesta casa
Áries - Independência
Touro - Paciência
Gêmeos - Curiosidade
Câncer - Conexão
Leão - Luxo
Virgem - Prontidão
Libra - Igualdade
Escorpião - Educação
Sagitário - Falta de limites
Capricórnio - Ambição
Aquário - Comunidade
Peixes - Escapismo

CASA 10: CARREIRA

Além das aspirações profissionais, esta casa também abrange status social e popularidade. Se você tem planetas na Casa 10 em seu mapa astral, sem dúvida é uma pessoa ambiciosa quando se trata da vida profissional, e sabe socializar como ninguém. Se você está se sentindo em um impasse, esta casa pode ajudar a te guiar rumo à sua vocação. Mudanças de carreira estão a caminho quando planetas transitam para a Casa 10.

Planetas nesta casa
Sol – Identidade
Lua – Cuidado
Mercúrio – Networking
Vênus – Diplomacia
Marte – Competitividade
Júpiter – Possibilidade
Saturno – Responsabilidade
Urano – Independência
Netuno – Criatividade
Plutão – Influência

Signos nesta casa
Áries – Autonomia
Touro – Lealdade
Gêmeos – Variedade
Câncer – Nutrir
Leão – Autopromoção
Virgem – Criatividade
Libra – Diplomacia
Escorpião – Determinação
Sagitário – Conquista
Capricórnio – Organização
Aquário – Trabalho
  em equipe
Peixes – Compaixão

CASA 11: AMIZADE

Esta é a casa que reconhece nosso círculo social e é onde encontramos nosso lugar nas redes e nos grupos em nossas vidas. Aqui estão representados amizade, trabalho em equipe e objetivos comuns, bem como nossa rede de apoio, nossos conhecidos e a maneira como passamos tempo com as pessoas. Nossos valores sociais e políticos vêm à tona nesta casa, assim como nossa habilidade de trabalhar com outros para melhorar situações.

Planetas nesta casa
Sol – Comunidade
Lua – Extroversão
Mercúrio – Networking
Vênus – Charme
Marte – Competição
Júpiter – Tolerância
Saturno – Comprometimento
Urano – Liberdade
Netuno – Autossacrifício
Plutão – Empoderamento

Signos nesta casa
Áries – Energia
Touro – Constância
Gêmeos – Diversidade
Câncer – Segurança
Leão – Liderança
Virgem – Cuidado
Libra – Harmonia
Escorpião – Força
Sagitário – Iniciativa
Capricórnio – Controle
Aquário – Igualdade
Peixes – Solidariedade

CASA 12: SACRIFÍCIO

Também conhecida como a casa do inconsciente, a Casa 12 é "a escuridão antes do amanhecer", pois fica situada logo abaixo do horizonte, finalizando as casas antes que o ciclo recomece. O inconsciente fala de todas as coisas sem forma física, como sonhos, emoções e segredos. Os planetas assumem uma qualidade mística nesta casa e é aqui que suas boas ações são reconhecidas.

Planetas nesta casa
Sol – Propósito
Lua – Compaixão
Mercúrio – Imaginação
Vênus – Autorreflexão
Marte – Coragem
Júpiter – Generosidade
Saturno – Dedicação
Urano – Liberdade
Netuno – Caridade
Plutão – Aceitação

Signos nesta casa
Áries – Iniciativa
Touro – Relaxamento
Gêmeos – Ambição
Câncer – Cuidado
Leão – Criatividade
Virgem – Consideração
Libra – Equilíbrio
Escorpião – Intuição
Sagitário – Fuga
Capricórnio – Estrutura
Aquário – Recarga
Peixes – Limites

Parte 4
ASTROLOGIA PARA O AUTOCUIDADO

Todos nós precisamos de um pouco de autocuidado em nossa vida, e a Astrologia pode nos direcionar a práticas mais adequadas às características de nosso signo solar. O escorpiano está sempre fazendo alguma coisa, sempre muito ocupado, a mente constantemente fervilhando com pensamentos, ideias e estratégias, só que às vezes isso pode significar que não consegue dormir ao final de um longo dia, com a mente cheia de ruídos e preocupações. Você pode até gostar de uma vida agitada, mas ainda assim é importante desacelerar regularmente e prestar atenção ao seu redor para não perder nada. Para muitos escorpianos, a melhor prática de autocuidado é uma sessão de meditação relaxante ou um treino de alta intensidade para dissipar a tensão. O que te ajuda a desestressar? As próximas páginas oferecem algumas ideias de métodos que podem funcionar para você.

Como usar a Astrologia para orientar práticas de autocuidado

Alinhar práticas de autocuidado com o signo solar pode aumentar o poder de cura. Vale a pena fazer uma pesquisa para aproveitar ao máximo o tempo livre e o descanso. Quando se trata de ioga, existem posturas que oferecem um benefício maior para um determinado signo do que para outro, de acordo com personalidade e comportamentos; também há afinidade entre cristais e o signo a que correspondem, permitindo que a energia flua mais livremente entre aqueles designados para cada signo.

As próximas páginas trazem rituais e práticas de autocuidado específicos para o signo de Escorpião. Desde tarô até cristais, incluindo o corpo energético e seus chacras, técnicas de relaxamento, além dos tipos de exercícios que podem se adequar melhor aos escorpianos.

Para o nativo de Escorpião, a vida pode ser intensa porque ele a encara desse jeito. Não é do tipo que dá passos hesitantes e se joga nas coisas — tanto física quanto emocionalmente. É importante desacelerar para não se esgotar. O estresse é sorrateiro e, antes que perceba, você está uma pilha de tensão e ansiedade. Tente reservar uma ou duas noites por semana na agenda para ficar em casa e relaxar em um ambiente mais tranquilo. Se a ideia de passar uma noite no sofá simplesmente não é sua cara, inscreva-se em uma aula noturna de ioga ou meditação e relaxe em outro lugar.

O que fazer ou não

O QUE FAZER

- ✦ Vá no seu próprio ritmo; o autocuidado não é uma competição.

- ✦ Siga o que faz sentido para você; nem toda sugestão será a ideal.

- ✦ Permita que as orientações te ajudem a abandonar hábitos ruins.

O QUE NÃO FAZER

- ✦ Não passe dos limites; se tiver uma lesão leve, mas a orientação for para fazer algum exercício extenuante, deixe para lá até se sentir melhor.

- ✦ Não abandone as atividades que você ama só porque não são mencionadas como específicas para seu signo.

- ✦ Não corra riscos se algo não parecer certo; mantenha-se seguro e confortável.

NÓS SOMOS MERAMENTE AS BOLAS DE TÊNIS DAS ESTRELAS, BATIDAS E JOGADAS PARA ONDE LHES CONVÉM.

JOHN WEBSTER

Rituais para ajudar o signo de Escorpião a relaxar e desestressar

Os escorpianos se beneficiam quando aprendem a desligar completamente e tiram uma pausa de seu agitado estilo de vida. Além de correr de uma tarefa para outra, tendem a se dedicar intensamente ao trabalho, o que aumenta o estresse. A propensão ao pensamento analítico profundo pode gerar ansiedade, então é importante manter isso sob controle e reservar tempo para o autocuidado.

Embora a ioga e a meditação guiada possam ajudar bastante, talvez o nativo desse signo descubra que, ao fim de um longo dia, tudo o que precisa é colocar luvas de boxe e descontar as tensões em um saco de pancadas na academia. Se a mente agitada o mantém acordado à noite, explore o Calm (disponível em português), um aplicativo desenvolvido para ajudar a reduzir o estresse e aliviar a ansiedade por meio de meditação guiada, histórias para dormir e sons relaxantes. Antes de assinar, experimente a versão gratuita para ver se lhe agrada.

Da mesma forma, vídeos de aulas de ioga, dos mais diferentes estilos, com diferentes benefícios, de durações de dez minutos a mais de uma hora, estão disponíveis no YouTube. Escolha um diferente a cada vez, caso interesse. O importante é fazer isso regularmente. Esforce-se ao máximo para incluir e manter uma atividade em sua rotina.

Posturas de ioga para Escorpião

Os benefícios da ioga são muito abrangentes, desde aumento da flexibilidade, melhoria da força, tonificação muscular, aumento da energia, promoção da circulação e sono restaurador, até uma sensação de plenitude e relaxamento. As posturas de ioga a seguir são ideais para você — e, se quiser explorar mais, experimente os estilos *kundalini* ou *iyengar*. Sempre se aqueça primeiro e não vá além dos limites do seu corpo. Se nunca experimentou ioga antes, considere fazer uma aula ministrada por um profissional experiente.

POSTURA DO BARCO

Esta postura requer equilíbrio e concentração, pois trabalha a força do tronco e ajuda a desenvolver uma consciência corporal abrangente, além de fortalecer os quadris e a lombar.

Sente-se no tapetinho com as pernas esticadas à sua frente. Apoie as mãos no chão, logo atrás dos quadris. Eleve o peito e incline-se um pouco para trás, deslocando o peso para que você se equilibre nos ossos do quadril e do cóccix. Expire, dobre os joelhos e levante as pernas para que os pés deixem o chão. As coxas devem estar em um ângulo de 45 graus em relação ao chão, com os joelhos dobrados.

Mantenha a postura nesse ponto por alguns segundos e depois estique as pernas, se conseguir, mantendo o peito aberto e a coluna alongada. Estenda os braços para a frente ao lado das pernas, aponte os dedos dos pés para a frente e respire. Mantenha a postura pelo tempo que puder ou por até um minuto.

POSTURA DO TRIÂNGULO

Esta postura de alongamento e fortalecimento é indicada para coxas, torso, quadris, virilha, panturrilhas, ombros e coluna.

Fique de pé com as pernas juntas, ombros para trás e braços ao lado do corpo (esta é conhecida como a postura da montanha). Afaste os pés cerca de um metro. Levante os braços para os lados com a palma das mãos para baixo, paralelas ao chão. Vire o pé direito para fora em 90 graus e o pé esquerdo ligeiramente para dentro. Vire a cabeça para olhar sobre o braço direito, em direção à ponta dos dedos. Firme a perna esquerda e o calcanhar no chão. Curve-se na altura dos quadris para tentar alcançar o tornozelo com o braço direito e, se conseguir, estique o braço esquerdo para cima, com a ponta dos dedos para cima. Mantenha a postura por algumas respirações antes de trocar para o outro lado.

POSTURA DA BORBOLETA

Esta postura abre os quadris e o peito enquanto alonga a coluna vertebral.

Sente-se no tapete e encoste a sola dos pés uma contra a outra, permitindo que os joelhos se dobrem para os lados. Leve as mãos até os pés e entrelace os dedos ao redor dos dedos dos pés. Respire profundamente e empurre os quadris para baixo enquanto levanta a cabeça para alongar a coluna vertebral. Relaxe os ombros e deixe-os cair para baixo e para trás, empurrando o peito para fora. Leve os joelhos o mais perto possível do chão para abrir os quadris. Mantenha a coluna ereta e o peito aberto. Expire e leve suavemente o torso para a frente. Feche os olhos e fique assim por algumas respirações. Em seguida, descanse antes de realizar a postura novamente.

POSTURA DO GUERREIRO II

Esta postura de estabilização ajuda a desenvolver força e resistência nas pernas e nos tornozelos, além dos ombros, quadríceps e torso.

De pé, com as pernas separadas cerca de um metro, vire o pé direito para fora em 90 graus e traga o pé esquerdo ligeiramente para dentro. Estique os braços para os lados e flexione o joelho direito até que fique bem alinhado ao tornozelo. Afunde o peso nos quadris, vire a cabeça para a direita e sinta seu corpo alongando. Quando estiver pronto, repita a postura, desta vez, para o lado esquerdo.

NÃO HÁ BARCO MELHOR DO QUE O HORÓSCOPO PARA AJUDAR UM HOMEM A ATRAVESSAR O OCEANO DA VIDA.

VARAHA MIHIRA

Atividades físicas para Escorpião

O escorpiano é excelente em esportes de equipe, mas prefere estar no comando, então é bem provável que seja o capitão do time se seguir esse caminho. Seja qual for o esporte, não vai apenas se divertir, mas se comprometer, provavelmente se dedicando a planejar as melhores estratégias de jogo. Escorpião prospera em um ambiente de competição e é incrivelmente competitivo — não basta participar, tem que vencer.

Alguns escorpianos preferem malhar sozinhos, seja liberando o estresse na academia ou correndo por trilhas e explorando paisagens cênicas.

O Pilates também é uma boa opção para fortalecer o torso, e exercícios ao ar livre podem ser uma ótima escolha para estimular o cérebro em um espaço na natureza, onde seja possível encher os pulmões de ar fresco.

Existe algum equipamento de exercícios ao ar livre disponível perto de onde você mora? Se não, vale improvisar para se manter imerso na natureza. Muitos exercícios, desde flexões e agachamentos até *burpees* e polichinelos, podem ser realizados praticamente em qualquer lugar.

Artes marciais para condicionamento físico também podem ser benéficas para aliviar o estresse. Por exemplo, o *taekwondo* para desenvolver força, resistência e paciência. A história dessa antiga arte marcial está enraizada na autodefesa, usando técnicas de socos e chutes aliadas ao treinamento de força mental, com mente e corpo participando juntos em equilíbrio.

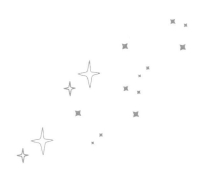

Cristais

Os cristais naturais contêm propriedades piezoelétricas e piroelétricas que os fazem vibrar. Isso, aliado ao fato de que também são condutores de calor e eletricidade, levou muitos a acreditar que eles têm a capacidade de transformar nossos níveis de energia e que podem ajudar a encontrar o amor e restaurar a saúde.

Os cristais têm sido usados para cura há milhares de anos, e evidências disso podem ser encontradas em textos antigos. Acredita-se que as vibrações ajudam a restaurar os mecanismos naturais de cura do corpo, além de proporcionar um senso de equilíbrio, calma e bem-estar. Esse tipo de prática é chamado de *medicina vibracional*.

As pessoas frequentemente escolhem cristais de acordo com a cor e suas propriedades, mas o signo solar e a data de nascimento também podem influenciar aqui. Escolher cristais com seu signo em mente pode te ajudar a viver uma experiência mais bem-sucedida. Levar em consideração o corpo energético (veja página 36) e combinar cristais com o chacra relacionado ao seu signo solar (veja página 123) fazem toda a diferença.

Chacra	Localização	Cor	Associações emocionais e físicas
Básico	Base da espinha	Vermelho	Centramento, independência
Sacral	Logo abaixo do umbigo	Laranja	Aceitação, bem-estar, prazer
Plexo solar	Base do tórax	Amarelo	Confiança, autocontrole, autoestima
Cardíaco	Centro do peito	Verde	Amor, alegria, paz interior
Laríngeo	Base da garganta	Azul	Comunicação, autoexpressão
Frontal	Acima e entre as sobrancelhas	Índigo	Intuição, tomada de decisão
Coronário	Topo da cabeça	Violeta	Sensação de conexão, espiritualidade

CRISTAIS DE ACORDO COM OS SIGNOS ASTROLÓGICOS

Áries – Jaspe vermelho, cornalina, citrino

Touro – Quartzo fumê, amazonita, selenita

Gêmeos – Shungita, amazonita, olho de tigre

Câncer – Selenita, labradorita, jaspe vermelho

Leão – Olho de tigre, quartzo rosa, granada

Virgem – Amazonita, ametista, fluorita

Libra – Olho de tigre, ametista, hematita

Escorpião – Turmalina rosa, ametista, azurita

Sagitário – Lepidolita, quartzo fumê, shungita

Capricórnio – Quartzo rosa, granada, quartzo fumê

Aquário – Lepidolita, ametista, quartzo com turmalina

Peixes – Quartzo transparente, cornalina, crisocola

LIMPEZA DOS SEUS CRISTAIS

Preparar seus cristais antes de usar é importante para remover qualquer energia negativa ou antiga. Lave-os em água corrente por um minuto e deixe secar ao ar livre. Em seguida, mergulhe seus cristais em água salgada e deixe secar. Finalmente, deixe-os se banharem à luz da Lua ou do Sol por doze horas. Agora, eles estão prontos para serem usados.

AUTOCUIDADO COM CRISTAIS

Escolha um espaço tranquilo em sua casa ou em um local onde queira nutrir a criatividade e use seus cristais. Siga estas etapas para mudar a energia e transformar seu espaço seguro.

+ **Escolha um espaço tranquilo em sua casa — talvez a sala de estar ou o quarto. Certifique-se de que este é um lugar confortável onde você pode relaxar e ter alguns momentos só.**

+ **Permita que o ar flua pelo espaço para livrá-lo de qualquer "energia morta". Em seguida, faça uma limpeza de fato, tirando poeira ou teias de aranha e removendo tudo aquilo que não é necessário para que apenas poucos objetos permaneçam.**

+ **Adicione alguns cristais para trazer uma energia calma ao espaço — quartzo e ametista funcionam bem para isso, promovendo cura, limpeza e harmonia.**

+ **Coloque os cristais em um lugar onde eles possam captar luz natural e certifique-se de que tenham espaço entre si e não fiquem tocando um no outro.**

Tarô

O tarô pode ser usado para adivinhação e qualquer um consegue fazer uma leitura — você não precisa visitar ou virar um oraculista para se aventurar com o baralho. Faça a leitura você mesmo ou peça a um amigo e se revezem. Ao fazer uma pergunta, o tarô pode te proporcionar discernimento e orientação por meio da interpretação das cartas retiradas aleatoriamente do baralho. Cada uma das 78 cartas possui um significado único em relação à pergunta feita.

O baralho é composto de arcanos maiores e arcanos menores. Você inclusive já deve ter ouvido falar de alguns dos nomes dentre os 22 arcanos maiores como o Sol, a Lua, o Louco, a Morte e os Amantes. Eles representam influências cármicas e temas em sua vida. Se um desses aparecer em sua leitura, em geral significa a necessidade de refletir sobre suas lições pessoais. Cada signo do zodíaco é regido por uma carta do arcano maior. No caso de Escorpião, a carta é a Morte, que reforça a conexão do seu signo solar com o ciclo transformador da vida. Essa carta não representa a morte em seu sentido literal, mas encerramentos e términos, sejam relacionamentos, projetos ou fases da vida.

Os arcanos menores estão representados em 56 cartas agrupadas em quatro naipes de catorze cartas cada; dez delas são numeradas e as demais são o Valete, o Cavaleiro, a Rainha e o Rei. Essas cartas representam situações, te guiam em escolhas e refletem seu estado de espírito.

O tarô em si é interpretado de diferentes maneiras. Há quem diga que as respostas vêm de espíritos ou anjos, e há quem afirme que é sincronicidade, na qual a interpretação das cartas retiradas se relaciona de forma significativa. Se isso é algo que te interessa, pesquise mais detalhadamente sobre o tarô para entender os significados por trás de cada carta, mas as páginas a seguir trazem algumas dicas sobre como se preparar. Com um pouco de orientação, você pode desvendar o simbolismo e começar uma jornada de autodescoberta.

ESCOLHENDO UM BARALHO

Dizem que dá azar comprar o primeiro baralho de tarô, pois ele deveria ser dado como presente. No entanto, essa crença é frequentemente ignorada como uma superstição arcaica, então, se isso não te incomodar, compre seu próprio baralho! É importante que você tenha uma boa relação com as cartas do baralho que for usar, então, certifique-se de que gosta das ilustrações que ele apresenta. Existem centenas de baralhos diferentes disponíveis, então faça pesquisas e escolha um que te agrade. Se se sentir perdido diante da variedade, sempre pode optar pelo baralho Rider-Waite Smith, um dos mais conhecidos.

ENERGIZANDO E PURIFICANDO SUAS CARTAS

Um baralho novo precisa ser energizado, então, depois de desembrulhar seu deque, certifique-se de embaralhá-lo completamente. A melhor maneira de fazer isso é espalhar as cartas em uma mesa e misturá-las até ficarem bem embaralhadas. Não seja perfeccionista, você quer que algumas cartas fiquem de cabeça para baixo para fornecer reversões em suas leituras, então, embaralhe, misture e mexa novamente.

Quando não usar seu baralho por algum tempo, é uma boa ideia limpá-lo para banir qualquer energia negativa. Existem várias maneiras de fazer isso: embaralhe as cartas e bata nelas três vezes; coloque-as em uma janela durante a noite, onde serão banhadas pela luz da Lua; queime um pouco de sálvia seca e passe o baralho pela fumaça algumas vezes.

PREPARAÇÃO

No início, é uma boa ideia escolher um espaço para praticar onde você terá paz e tranquilidade e poderá dar atenção total ao baralho. Escolha um local calmo e organizado — você quer um fluxo de energia positiva, então, pode selecionar alguns itens para ajudar a criar o espaço perfeito.

DEFININDO SUA INTENÇÃO

Durante uma leitura, é vital manter a energia positiva fluindo ao seu redor. Um jeito fácil de fazer isso é banhar o ambiente em uma luz branca e brilhante, que irá banir a energia negativa e mantê-la afastada durante toda a leitura.

LEITURA E QUESTIONAMENTO

Iniciantes se saem melhor começando com uma tiragem de três cartas, representando passado, presente e futuro. Certifique-se de ter sua pergunta em mente enquanto embaralha. Cartas que voam para fora do baralho enquanto você embaralha são simbólicas. Distribua três cartas na sua frente, com a face para cima — passado, presente e futuro.

Quanto mais detalhada for a pergunta, mais detalhes terá a resposta. Tente evitar perguntas vagas ou aquelas com respostas simples "sim" ou "não". Pense em perguntas que provavelmente abrirão uma conversa. Como um nativo de Escorpião, talvez você queira fazer perguntas sobre seu relacionamento. O que vem pela frente? Esse relacionamento vai funcionar a longo prazo? Pergunte às cartas como tudo isso acontecerá.

NÃO PRECISAMOS NOS ENVERGONHAR DE FLERTAR COM A ASTROLOGIA. É UM FLERTE QUE VALE MUITO A PENA.

D. H. LAWRENCE

Chacras

Se você se interessa por ioga, provavelmente está familiarizado com os chacras ou gostaria de aprender mais sobre eles. Enraizados no hinduísmo, mas exercitados por muitos fora dessa fé, os chacras são considerados forças vitais que circulam energia para determinadas partes do nosso corpo. Quando o estresse e tensões da vida bloqueiam essas energias, sentimos o impacto, e é benéfico trabalhar para desbloqueá-las. A melhor maneira de fazer isso é promover o fluxo de energia por meio de meditação, posturas de ioga específicas para cada chacra e exercícios de respiração.

Existem sete chacras principais: básico, sacral, plexo solar, cardíaco, laríngeo, frontal e coronário. Eles estão desvinculados das partes do corpo associadas a cada signo solar e, em vez disso, correspondem às características de uma pessoa.

SIGNOS SOLARES E SEUS RESPECTIVOS CHACRAS

Áries – chacra plexo solar, localizado no abdômen, fonte de autoconfiança e poder.

Touro – chacra cardíaco, cuja energia traz habilidades empáticas.

Gêmeos – chacra laríngeo, associado à comunicação e à criatividade.

Câncer – chacra frontal, localizado na testa e considerado o centro da alma.

Leão – chacra coronário, representa o pensamento, a compreensão e a facilidade de chegar a soluções.

Virgem – chacra laríngeo, simboliza a comunicação clara e a habilidade de falar em público.

Libra – chacra cardíaco, a fonte de cura emocional e construção de laços com os outros.

Escorpião – chacra plexo solar, que ajuda a combater os medos e a controlar as emoções.

Sagitário – chacra sacral, traz otimismo e paixão.

Capricórnio – chacra básico, localizado na base da coluna, promove boa saúde mental e física.

Aquário – chacra básico, ajuda a manter-se centrado e nutre a solidariedade.

Peixes – chacra sacral, promove sensualidade, emoção e criatividade.

Até logo

Como se sente em relação à Astrologia agora? Você aprendeu tanto! É provável que tenha se surpreendido ao ler este livro, com cenários e características familiares saltando das páginas. Muitos de nós desejam ser melhor compreendidos, e a Astrologia pode fornecer uma dose de conforto em meio às complexidades da vida moderna.

Espero que você se sinta munido do conhecimento e da percepção intuitiva de que precisa para embarcar na próxima fase de sua jornada. É hora de tirar suas próprias conclusões sobre quem você é e por que tem certos comportamentos — e os astros podem te ajudar. O mistério do zodíaco é vasto, mas está lá para ser desvendado, e, se você estiver aberto ao desafio, certamente colherá as recompensas.

Outros recursos

LIVROS

Goodman, Linda *Sun Signs*. Londres: Pan Books, 1999.

Parker, Derek e Parker, Julia *Parkers' Astrology: The Definitive Guide to Using Astrology in Every Aspect of Your Life*. Londres: DK, 2021.

Taylor, Carole *Using the Wisdom of the Stars in Your Everyday Life*. Londres: DK, 2018.

SITES E APPS

Astro.com – recursos gratuitos para iniciantes e astrólogos experientes. Comece fazendo seu mapa astral e prossiga a partir daí. Há recursos em português.

Linda-goodman.com – fórum dedicado à famosa astróloga, falecida em 1995. Em inglês.

TimePassages – app de Astrologia pago e fácil de usar, que te permite criar um mapa astral, ler horóscopos diários e comparar seu mapa com o de um amigo ou parceiro. Em inglês.

Co-Star – um dos apps mais populares de Astrologia, repleto de informações e insights; design elegante e leituras em tempo real obtidas a partir de dados da NASA. Em inglês.

A ASTROLOGIA É COMO JOGAR XADREZ COM UM PARCEIRO INVISÍVEL.

NOEL TYL

Confira o restante da coleção

SUA OPINIÃO É MUITO IMPORTANTE

Mande um e-mail para **opiniao@vreditoras.com.br** com o título deste livro no campo "Assunto".

1ª edição, out. 2024

FONTES Playfair Display ExtraBold 14/16pt
            Baskerville Old Face 10/13pt
PAPEL Offset 120g/m²
IMPRESSÃO Braspor
LOTE BRA040924

Ilustração capa e glifo Escorpião
© WinWin artlab/Shutterstock.com

Estrelas © tmn art/Shutterstock.com

Constelações
© Galkin Grigory/Shutterstock.com

Glifos astrológicos p.71
© luma_art/Shutterstock.com

Símbolos planetas p.71
© Peter Hermes Furian/Shutterstock.com